школа - makaranta   2
подорож - bulaguro   5
транспорт - abin hawa   8
місто - birni   10
ландшафт - fadin kasa   14
ресторан - gidan abinci   17
супермаркет - babban kanti   20
напої - kayan sha   22
їжа - abinci   23
ферма - gona   27
дім - gida   31
вітальня - falo   33
кухня - kicin   35
ванна кімната - dakin wanka   38
дитяча кімната - dakin yaro   42
одяг - tufafi   44
офіс - ofis   49
економіка - tattalin arziki   51
професії - sana'o'i   53
інструменти - kayan aiki   56
музичні інструменти - kayan kida   57
зоопарк - gidan namun daji   59
спорт - wasanni   62
дії - harkoki   63
сім'я - iyali   67
тіло - jiki   68
лікарня - asibiti   72
аварійний випадок - na gaggawa   76
Земля - Kasa   77
годинник - agogo   79
тиждень - mako   80
рік - shekara   81
форми - siffofi   83
фарби - launuka   84
протилежності - kishiyoyi   85
числа - lambobi   88
мови - yaruka   90
хто / що / як - wa / me / ya ya   91
де - ina   92

Impressum
Verlag: BABADADA GmbH, Nedderfeld 112 , 22529 Hamburg
Geschäftsführer / Verlagsleitung: Harald Hof
Druck: Books on Demand GmbH, In de Tarpen 42, 22848 Norderstedt

Imprint
Publisher: BABADADA GmbH, Nedderfeld 112 , 22529 Hamburg, Germany
Managing Director / Publishing direction: Harald Hof
Print: Books on Demand GmbH, In de Tarpen 42, 22848 Norderstedt, Germany

школа
makaranta

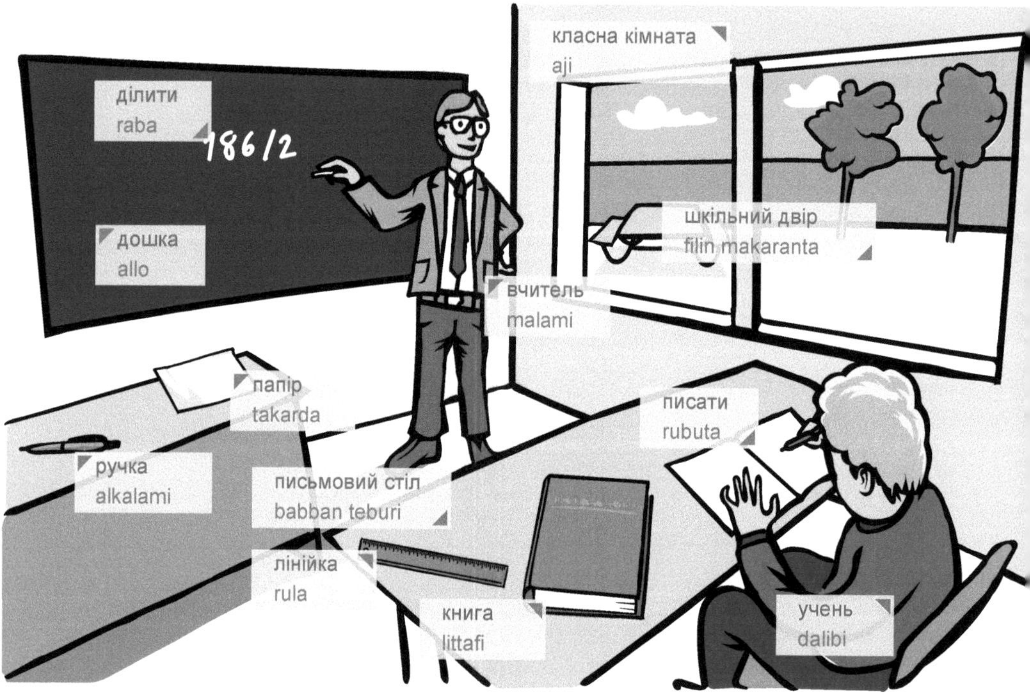
класна кімната
aji
ділити
raba
186/2
дошка
allo
шкільний двір
filin makaranta
вчитель
malami
папір
takarda
писати
rubuta
ручка
alkalami
письмовий стіл
babban teburi
лінійка
rula
книга
littafi
учень
dalibi

ранець
jakar makaranta

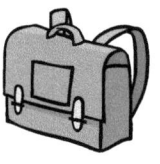

пенал
gidan fensir

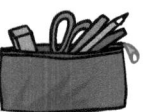

олівець
fensir

точило
abin fike fensir

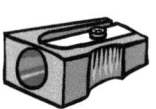

гумка
kilina

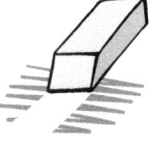

альбом для малювання
kwalin zane

малюнок

zane

пензель

burushin fenti

коробка фарб

gwangwanin fenti

ножиці

almakashi

клей

gam

зошит

littafi aiki

домашнє завдання

aikin gida

число

lamba

додавати

kara

віднімати

debe

множити

yi sau

рахувати

kwakuleta

літера

wasika

абетка

harafi

слово

kalma

текст
rubutu

читати
karanta

крейда
alli

година
darasi

класний журнал
rijista

екзамен
jarabawa

диплом
satifiket

шкільна форма
kayan makaranta

освіта
ilimi

лексикон
kundin ilimi

університет
jami'a

мікроскоп
madubin kimiyya

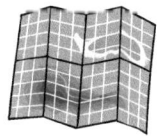

карта
taswira

кошик для паперу
kwandon shara

подорож
bulaguro

готель
otal
Grand
турбаза
dakunan dalibai
ROOMS
EXCHANGE
обмінний пункт
gidan canjin kudi
валіза
karamin akwati
автомобіль
karamar mota

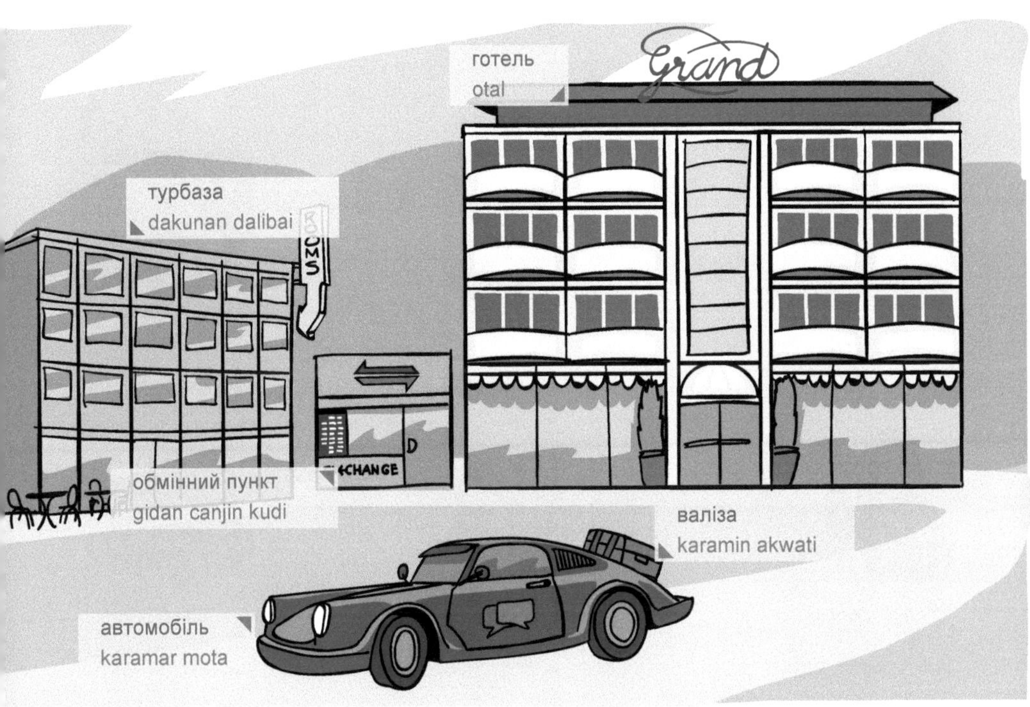

мова

yare

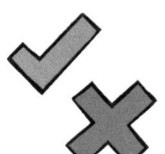

так / ні

e/a'a

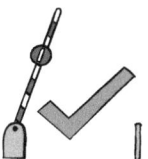

добре

Ya yi

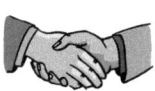

привіт

barka dai

перекладач

mai fassara

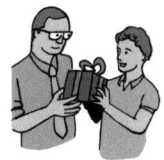

дякую

Na gode

Скільки коштує ...?

nawa ne...?

Я не розумію

ban gane ba

проблема

matsala

Добрий вечір!

Barka da yamma!

Доброго ранку!

Ina kwana!

На добраніч!

barka da dare!

До побачення

sai an jima

напрямок

alkibla

багаж

kaya

сумка

jaka

рюкзак

jakar goyawa

гість

bako

кімната

daki

спальний мішок

jakar barci

намет

tanti

туристична інформація

bayanin dan yawon bude-ido

пляж

bakin ruwa

кредитна картка

katin banki

сніданок

karin kumallo

обід

abincin rana

вечеря

abincin dare

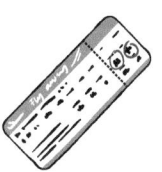

квиток

tikiti

ліфт

daga

поштова марка

hatimi

межа

iyaka

митниця

kudin fiton kaya

посольство

ofishin jakadanci

віза

biza

паспорт

fasfo

транспорт
abin hawa

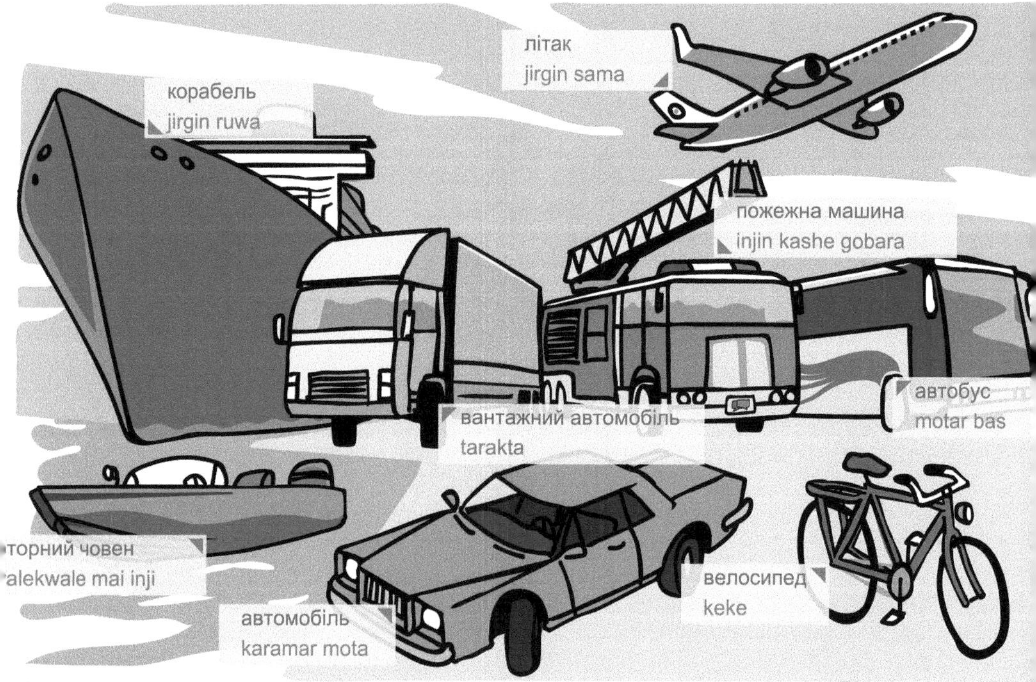
літак
jirgin sama
корабель
jirgin ruwa
пожежна машина
injin kashe gobara
автобус
motar bas
вантажний автомобіль
tarakta
торний човен
alekwale mai inji
велосипед
keke
автомобіль
karamar mota

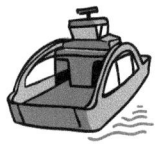

пором

karamin jirgin ruwa

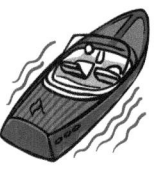

човен

kwalekwale

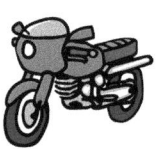

мотоцикл

babur

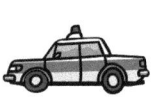

поліцейська машина

motar 'yansanda

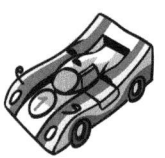

гоночний автомобіль

motar tsere

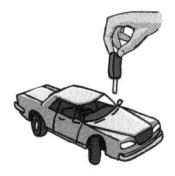

автомобіль на прокат

motar haya

спільне користування авто

tarayyar karamar mota

евакуатор

babbar mota da ta lalace

сміттєвоз

motar shara

двигун

mota

паливо

mai

автозаправна станція

gidan mai

дорожній знак

alamar titi

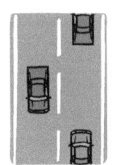

рух

zirga-zirga

затор

cunkoson ababen hawa

стоянка

wurin ajiye mota

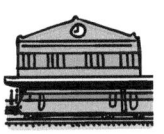

вокзал

tashar jirgin kasa

рейки

filin tsere

потяг

jirgin kasa

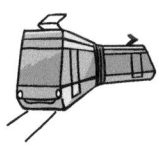

трамвай

jirgin kasa mai kyabil

вагон

keken doki

гелікоптер

helikwafta

аеропорт

filin jirgin sama

вежа

hasumiya

пасажир

fasinja

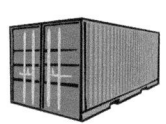

контейнер

mazubi

коробка

kwali

візок

amalanke

кошик

kwando

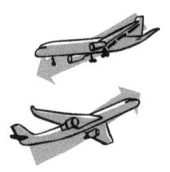

стартувати / приземлятися

tashi / sauka

місто

birni

село

kauye

центр міста

tsakiyar birni

дім

gida

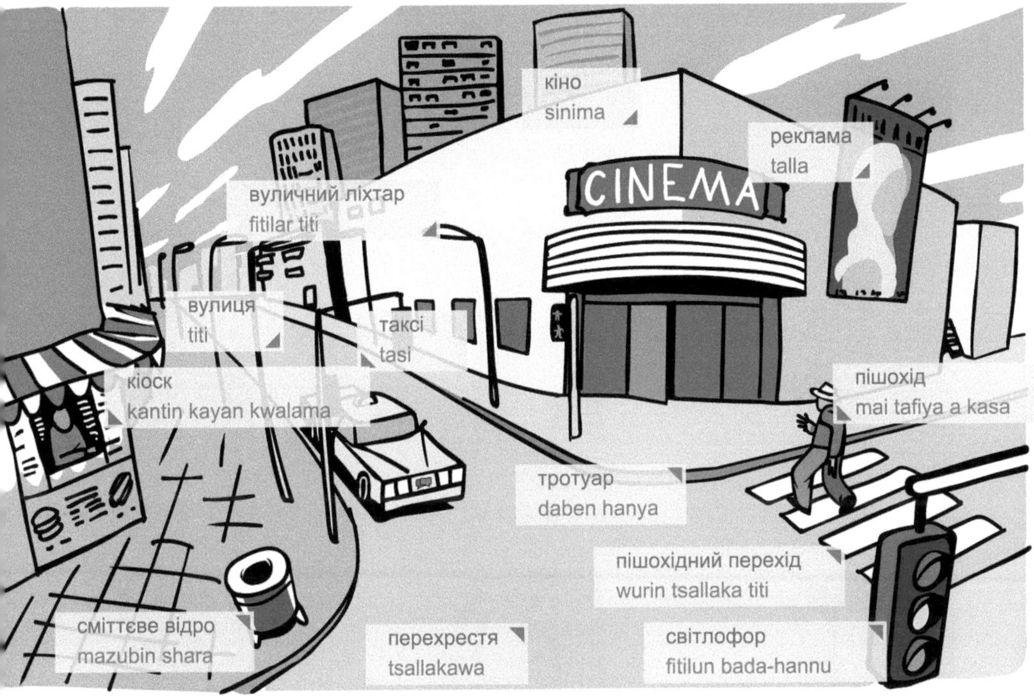

кіно
sinima

реклама
talla

вуличний ліхтар
fitilar titi

вулиця
titi

таксі
tasi

кіоск
kantin kayan kwalama

пішохід
mai tafiya a kasa

тротуар
daben hanya

пішохідний перехід
wurin tsallaka titi

сміттєве відро
mazubin shara

перехрестя
tsallakawa

світлофор
fitilun bada-hannu

хатина

bukka

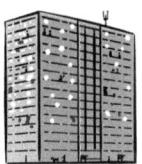

квартира

shafaffe

вокзал

tashar jirgin kasa

ратуша

dakin taro

музей

gidan kayan tarihi

школа

makaranta

університет

jami'a

банк

banki

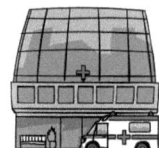

лікарня

asibiti

готель

otal

аптека

kantin magani

офіс

ofis

книжковий магазин

kantin littattafai

магазин

kanti

квітковий магазин

mai sayar da furanni

супермаркет

babban kanti

ринок

kasuwa

універмаг

kanti mai sassa

торговець рибою

shagon sayar da kifi

торговельний центр

wurin sayayya

гавань

matsayar jiragen ruwa

парк

ma'ajiyar motoci

лава

benci

міст

gada

сходи

kafar bene

метро

karkashin kasa

тунель

ramin karkashin kasa

автобусна зупинка

matsayar bas

бар

mashaya

ресторан

gidan abinci

поштова скринька

akwatin sakonni

вулична табличка

alamar titi

лічильник паркування

mitar ajiye motoci

зоопарк

gidan namun daji

басейн

kwamin iyo

мечеть

masallaci

ферма
gona

забруднення
навколишнього
середовища
gurbata

кладовище
makabarta

церква
coci

дитячий майданчик
filin wasanni

храм
dakin bauta

ландшафт
fadin kasa

листок
ganye

вказівний стовп
turken alama

шлях
hanya

луг
makiyaya

камінь
dutse

дерево
bishiya

мандрівник
mai tattaki

річка
korama

трава
ciyawa

квітка
fure

долина

kwazazzabo

гора

tudu

озеро

tafki

ліс

daji

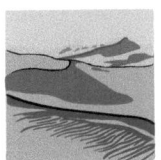

пустеля

hamada

вулкан

amon dutse

замок

fada

веселка

bakan-gizo

гриб

malafar jaki

пальма

bishiyar kwakwar manja

комар

sauro

муха

kuda

мурашка

tururuwa

бджола

zuma

павук

gizo

ландшафт - fadin kasa

жук

burgunguma

жаба

kwado

вивірка

kurege

їжак

bushiya

заєць

zomo

сова

mujiya

птах

tsuntsu

лебідь

agwagwar ruwa

кабан

aladen daji

олень

namijin barewa

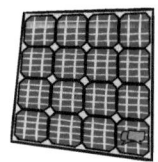

лось

kanki

гребля

dam

вітряк

lantarki mai iska

сонячний модуль

farantin hasken rana

клімат

yanayi

офіціант
sabis

меню
jerin abinci

стілець
kujera

суп
miya

піца
fiza

столові прилади
wuka da cokula

скатертина
kyallen rufe tuburi

закуска

makunni

друга страва

babban abinci

десерт

kayan zaki

напої

kayan sha

їжа

abinci

пляшка

kwalba

фаст-фуд

abincin tafi-da-gidanka

вулична їжа

abincin titi

чайник

tukunyar shayi

цукорниця

kwanon sikari

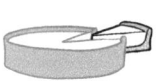

порція

gutsire

еспресо-машина

injin hada kofi

високий стільчик

kujera mai tudu

рахунок

doka

піднос

tire

ніж

wuka

вилка

cokali mai yatsu

ложка

cokali

чайна ложка

cokalin shayi

серветка

kyallen cin abinci

склянка

gilashi

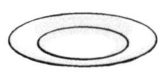

тарілка

faranti

тарілка для супу

farantin miya

блюдце

farantin kofi

соус

hadin dandano

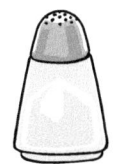

солонка

mazubin gishiri

млин для перцю

abin nikan yaji

оцет

lamurje

масло

mai

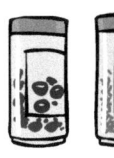

спеції

kayan dandano

кетчуп

miyar tumatir

гірчиця

mustad

майонез

mayonnaise

супермаркет
babban kanti

пропозиція
tayin musamman
FOR
клієнт
abokin ciniki
молочні продукти
matatsar nono
фрукти
kayan marmari
візок для покупок
abin daukar kaya

BUTCHERS

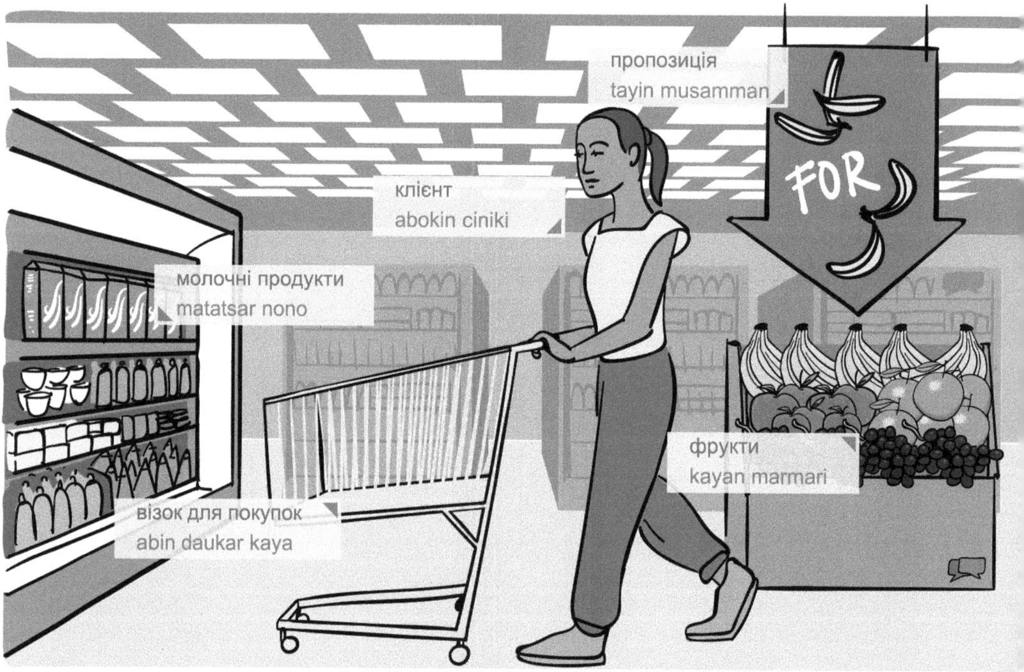

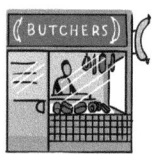

м'ясний магазин

na mahauci

BAKERY

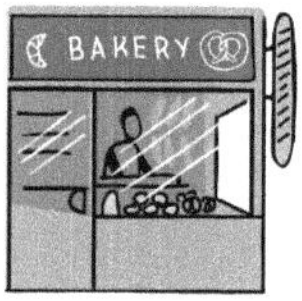

пекарня

shagon mai burodi

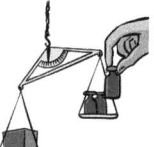

зважувати

auna nauyi

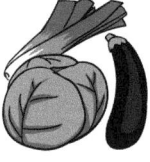

овочі

kayan lambu

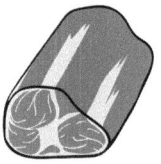

м'ясо

nama

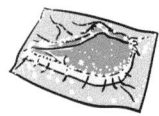

заморожені продукти

darkararren abinci

ковбасна нарізка

nama mai sanyi

консерви

abincin gwangwani

пральний порошок

garin sabulun wanki

солодощі

alewa

предмети домашнього
побуту

kayan amfanin gida

мийний засіб

kayan tsafta

продавщиця

mai sayarwa

каса

haro

касир

mai biyan kudi

список покупок

jerin kayan sayayya

часи роботи

sa'o'in budewa

гаманець

alabe

кредитна картка

katin banki

сумка

jaka

поліетиленовий пакет

jakar roba

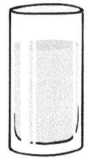

вода

ruwa

сік

ruwan 'ya'yan itace

молоко

madara

кола

coke

вино

barasa

пиво

giya

алкоголь

barasa

какао

koko

чай

shayi

кава

kofi

еспресо

bakin kofi

капучіно

kofi mai madara

банан

ayaba

яблуко

tufa

апельсин

lemon zaki

кавун

kankana

лимон

lemon tsami

морква

karas

часник

tafarnuwa

бамбук

gora

цибуля

albasa

гриб

kunnen-jaki

горішки

dangin gyada

локшина

dangin taliya

спагеті

sufageti

рис

shinkafa

салат

man salak

картопля фрі

sala-sala

смажена картопля

soyayyen dankali

піца

fiza

гамбургер

hambaga

бутерброд

sanwich

шніцель

kwan nama

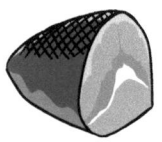

шинка

naman alade

салямі

salami

ковбаса

kilishin turawa

курка

kaza

печеня

gashi

риба

kifi

вівсяні пластівці

kamun oats

мюслі

muesli

кукурудзяні пластівці

kwamfiles

борошно

fulawa

круасан

fanke

булочка

yankan burodi

хліб

burodi

тостовий хліб

gashi

печиво

biskit

масло

bota

сир

man shanu

пиріг

kek

яйце

kwai

яєчня

soyayyen kwai

сир

cuku

морозиво

askirim

цукор

sikari

мед

zuma

мармелад

jam

нуга-крем

cakuletin shafawa

карі

kori

ферма

gona

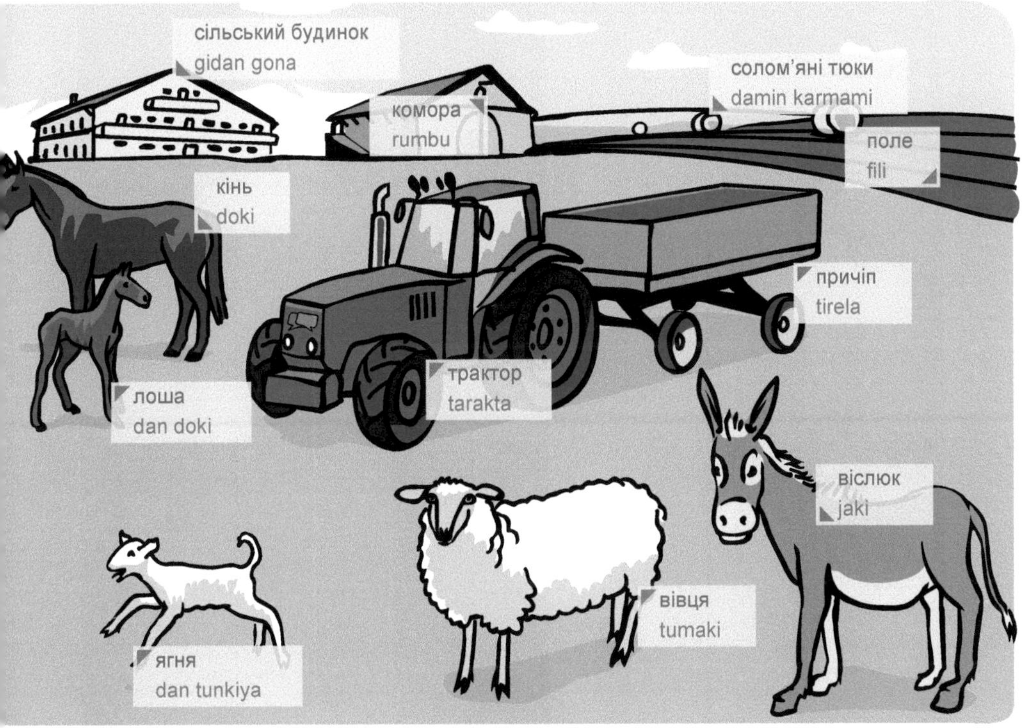

сільський будинок
gidan gona
комора
rumbu
солом’яні тюки
damin karmami
поле
fili
кінь
doki
причіп
tirela
лоша
dan doki
трактор
tarakta
віслюк
jaki
вівця
tumaki
ягня
dan tunkiya

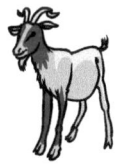

коза

akuya

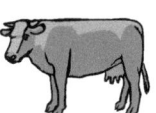

корова

saniya

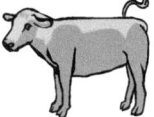

теля

maraki

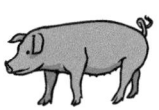

свиня

alade

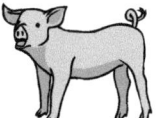

порося

dan alade

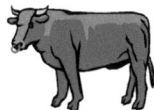

бик

bajimi

гусак

dinya

качка

agwagwa

курча

dan tsako

курка

kaza

півень

zakara

щур

bera

кіт

kyanwa

миша

bera

віл

takarkari

собака

kare

собача будка

dakin kare

садовий шланг

bututun lambu

лійка

bokitin ban-ruwa

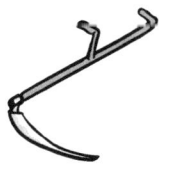

коса

ashasha

плуг

garma

серп

lauje

мотика

fartanya

вила

cebur mai yatsu

сокира

gatari

тачка

wilbaro

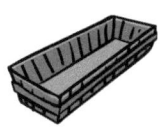

корито

mazubin abincin dabbobi

бідон молока

gwangwanin madara

мішок

buhu

паркан

shinge

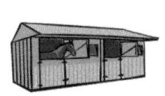

хлів

barga

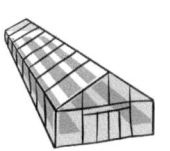

теплиця

koren-gida

ґрунт

rairai

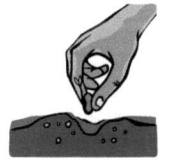

насіння

iri

добриво

taki

комбайн

injin girbi da sussuka

ферма - gona

пожинати

girbe

урожай

girbi

корінь ямсу

doya

пшениця

alkama

соя

waken soya

картопля

dankali

кукурудза

dawa

ріпак

furen mai

плодове дерево

bishiyar kayan marmari

маніок

rogo

злаки

hatsi

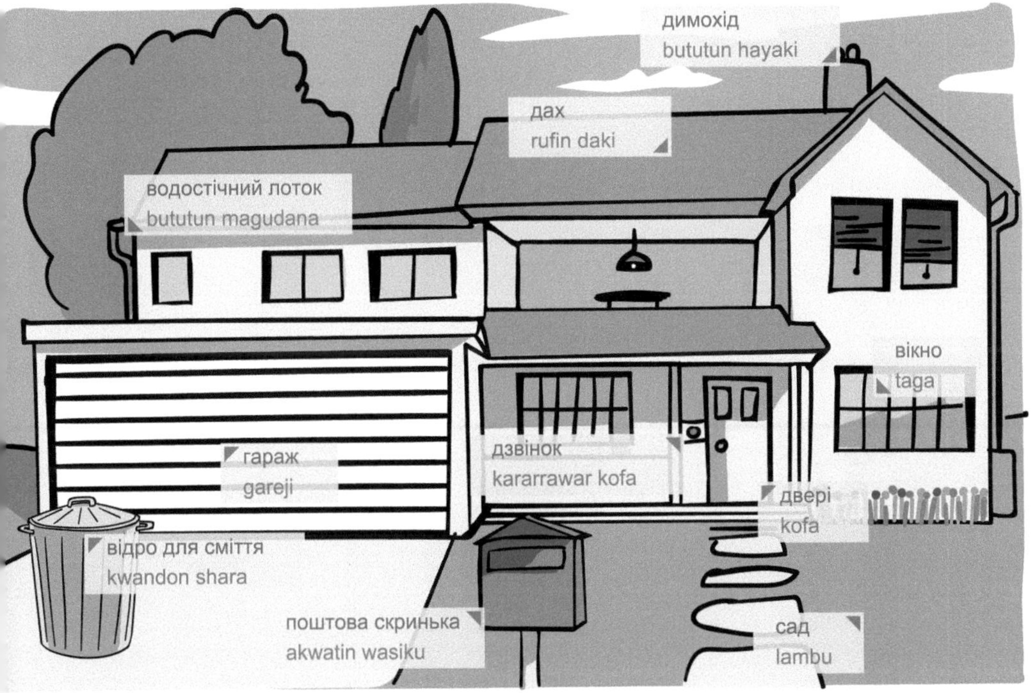

димохід
bututun hayaki

дах
rufin daki

водостічний лоток
bututun magudana

вікно
taga

гараж
gareji

дзвінок
kararrawar kofa

двері
kofa

відро для сміття
kwandon shara

поштова скринька
akwatin wasiku

сад
lambu

вітальня

falo

ванна кімната

dakin wanka

кухня

kicin

спальня

dakin kwana

дитяча кімната

dakin yaro

їдальня

dakin cin abinci

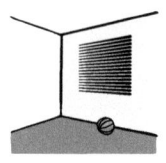

підлога

dabe

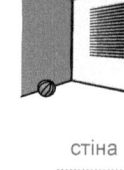

стіна

bango

стеля

sili

підвал

dakin karkashin kasa

сауна

wurin wankan dumi

балкон

barandar bene

тераса

baranda

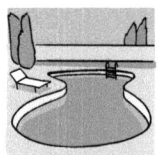

басейн

gulbin ninkaya

косарка

injin yanke ciyawa

простирало

kwano

ковдра

zanen gado

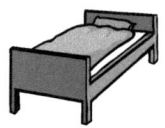

ліжко

gado

мітла

tsintsiya

відро

bokiti

перемикач

makunni

вітальня

falo

шпалери
takardar bango
малюнок
hoto
лампа
fitila
поличка
kantar littattafai
шафа
kabed
телевізор
talbijin
камін
wurin wuta
квітка
fure
подушка
kushin
диван
babbar kujera
ваза
gilashin fure
пульт
rimot

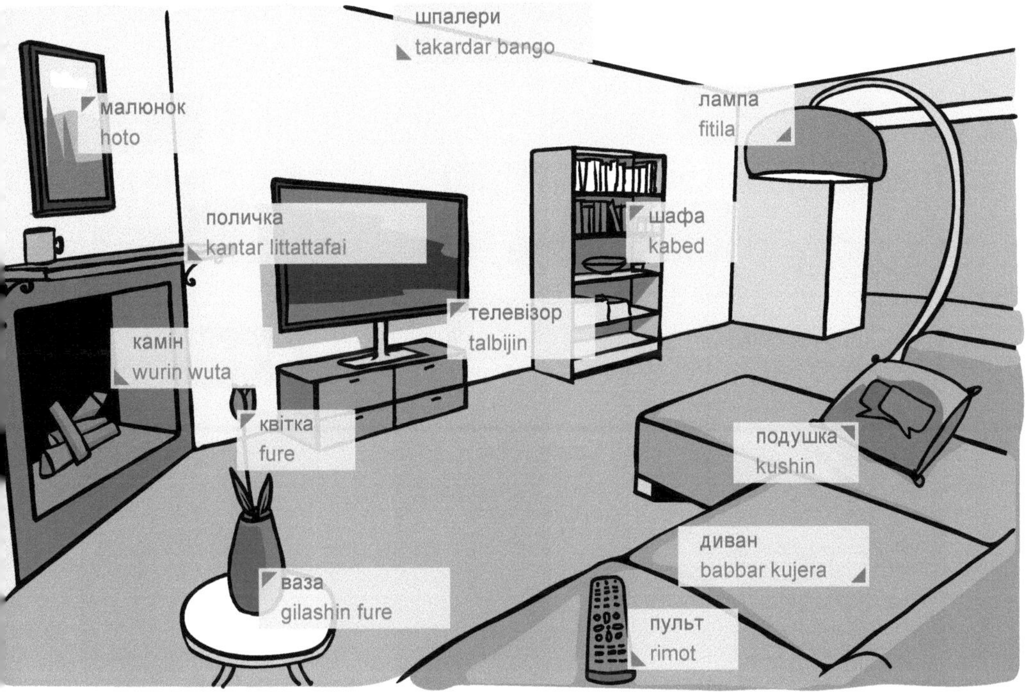

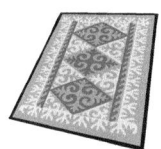

килим

darduma

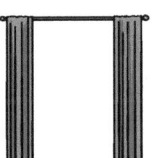

завіса

labule

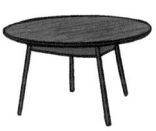

стіл

teburi

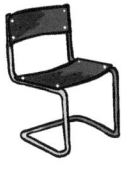

стілець

kujera

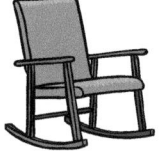

крісло-гойдалка

kujera mai shillo

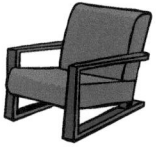

крісло

kujera mai hannu

книга

littafi

ковдра

bargo

прикраса

kwalliya

дрова

itacen girki

фільм

fim

стереосистема

kayan hi-fi

ключ

makulli

газета

jarida

картина

zanen fenti

плакат

fasta

радіо

rediyo

блокнот

takardar rubutu

пилосос

na'urar share darduma

кактус

murtsunguwa

свічка

kyandir

кухня

kicin

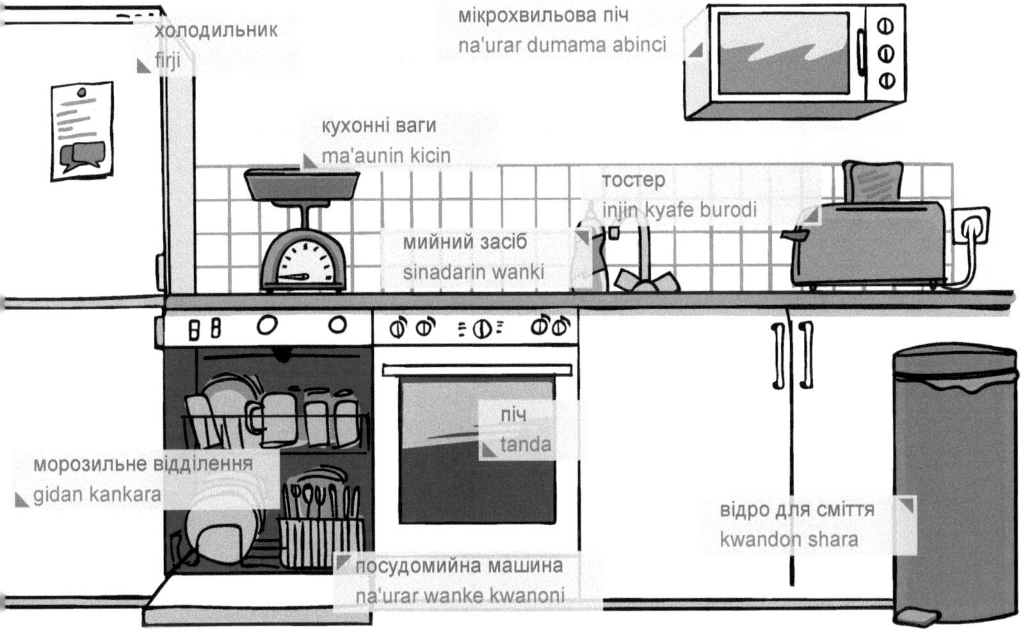

холодильник
firji
мікрохвильова піч
na'urar dumama abinci
кухонні ваги
ma'aunin kicin
тостер
injin kyafe burodi
мийний засіб
sinadarin wanki
піч
tanda
морозильне відділення
gidan kankara
відро для сміття
kwandon shara
посудомийна машина
na'urar wanke kwanoni

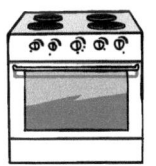

плита

cooker

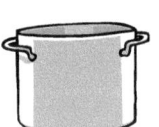

горщик

tukunya

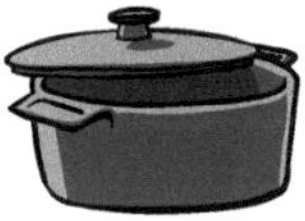

чавунний горщик

tukunyar alminiyum

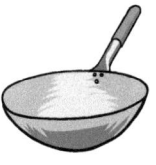

вок / кадай

kwanon suya

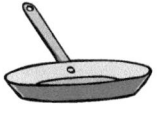

сковорода

kwanan suya

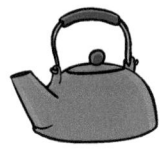

чайник

buta

пароварка

tukunyar dumi

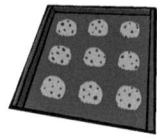

лист

kwanan gashi

посуд

kayan tangaran

кухоль

tambulan

чаша

kwano

палички для їжі

tsinkayen cin abinci

черпак

ludayi

лопатка

ludayin suya

вінчик для збивання

makadin kwai

сито

rariya

сито

mataci

терка

na'urar nika

ступка

turmi

барбекю

balangu

багаття

wutar sarari

дошка

katakon yanke-yanke

качалка

katakon murji

штопор

mabudin kwalba

конзерва

gwangwani

відкривачка

mabudin gwangwani

прихватки

hannun tukunya

раковина

wurin wanke-wanke

щітка

burushi

губка

soso

міксер

bilenda

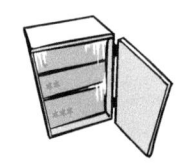

морозильна камера

babban gidan kankara

дитяча пляшка

bulumboti

кран

famfo

ванна кімната

dakin wanka

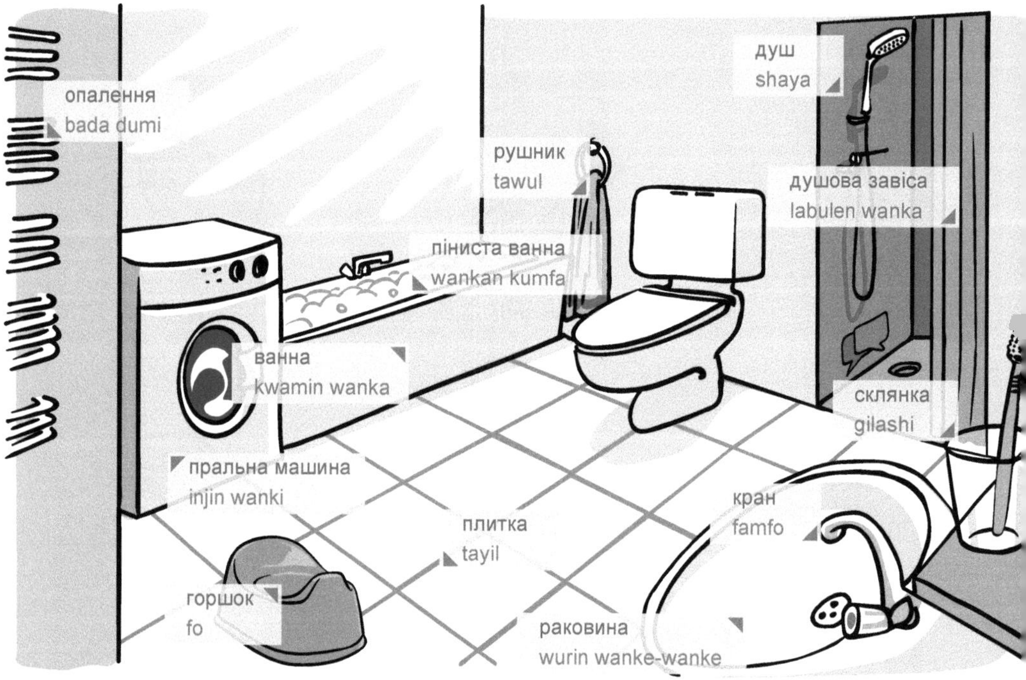

опалення
bada dumi
душ
shaya
рушник
tawul
душова завіса
labulen wanka
піниста ванна
wankan kumfa
ванна
kwamin wanka
склянка
gilashi
пральна машина
injin wanki
кран
famfo
плитка
tayil
горшок
fo
раковина
wurin wanke-wanke

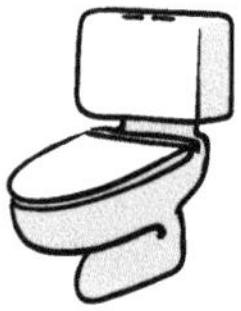

туалет

bandaki

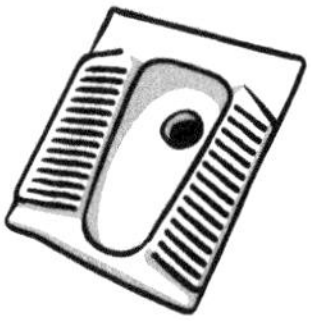

підлоговий туалет

bandakin tsuguno

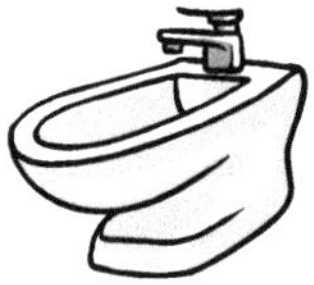

біде

kwamin tsarki

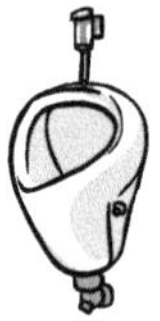

пісуар

wurin fitsari

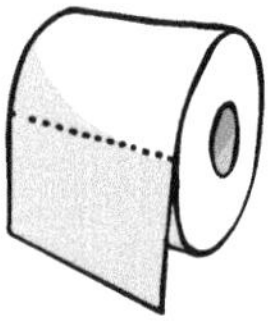

туалетний папір

takardar bandaki

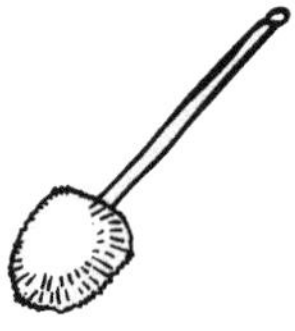

щітка для туалету

burushin bandaki

зубна щітка

burushin hakori

зубна паста

man hakori

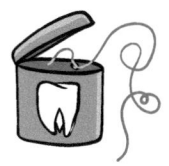

нитка для чищення зубів

zaren sakace

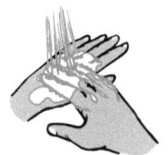

мити

wanke

ручний душ

shayar hannu

інтимний душ

wankin farji

таз

kwamin wanke hannu

щітка для спини

burushin wanke baya

мило

sabulu

гель для душу

ruwan sabulun wanka

шампунь

man gyaran gashi

мочалка

tsumman wanka

водостік

lambatu

крем

kirim

дезодорант

turaren kamshi

дзеркало

madubi

косметичне дзеркало

madubin hannu

бритва

reza

піна для гоління

man yaran fuska

лосьйон після гоління

man aski

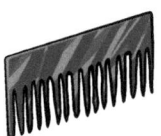

гребінь

mataji

щітка

burushi

фен

na'urar busar da gashi

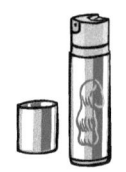

лак для волосся

man gashi

косметика

kwalliya

губна помада

jan-baki

лак для нігтів

man farce

вата

audugar goge kunne

ножиці для нігтів

almakashin yankan farce

парфум

turare

косметичка

jakar wanka

табурет

bahaya

ваги

ma'aunin nauyi

халат

rigar wanka

гумові рукавички

safar roba

тампон

audugar haila

гігієнічні прокладки

audugar mata

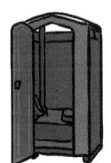

біотуалет

bandakin tafi-da-gidanka

дитяча кімната

dakin yaro

будильник
agogo mai kararrawa
м'яка іграшка
yartsanar tsumma
іграшковий автомобіль
motar wasan yara
брязкальце
kara
ляльковий будиночок
gidan 'yartsana
подарунок
kyauta

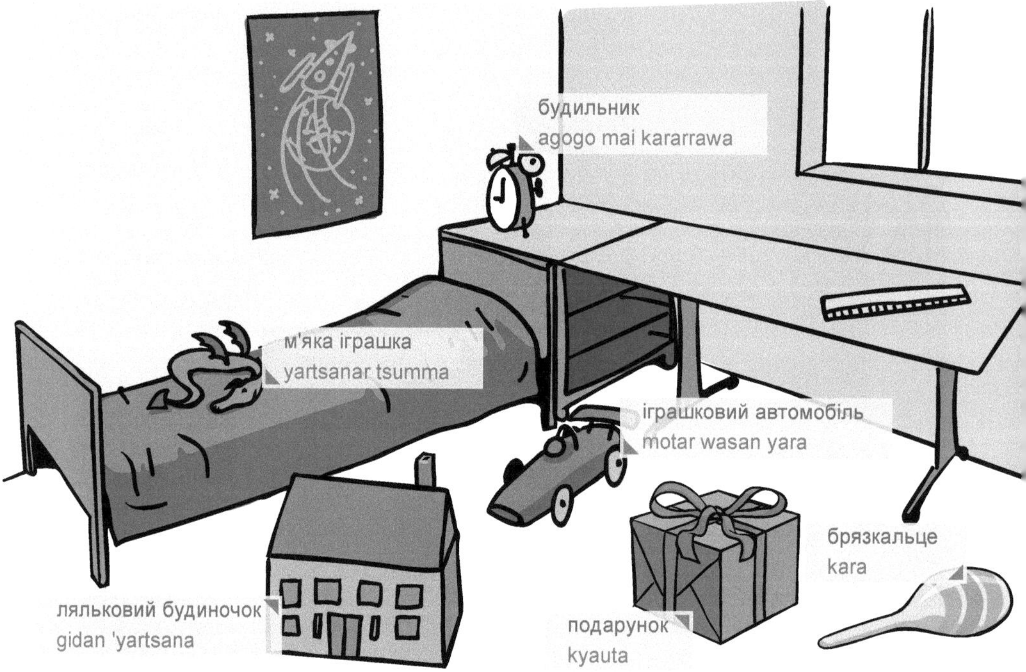

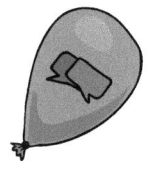

повітряна кулька

balo

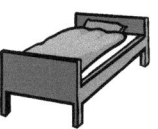

ліжко

gado

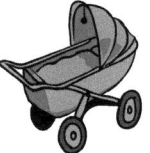

дитячий візок

keken jarirai

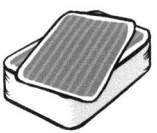

картярська гра

benen kwalaye

пазл

wasa kwakwalwa

SUPER
MEGA

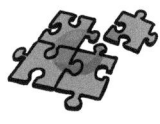

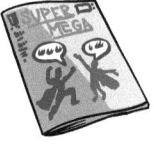

комікс

ban dariya

лего цеглинки

tubalan roba

блоки

tubalan gini

іграшкова фігурка

mutum-mai-aiki

повзунки

rigar jariri

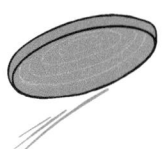

фризбі

Dokin iska

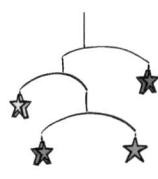

мобіле

tafi-da-gidanka

настільна гра

wasan dara

кубик

dan ludo

модель залізнична станція

zubin kwatancin jirgin kasa

соска

mutum-mutumi

вечірка

walima

книжка з картинками

littafi mai hotuna

м'яч

kwallo

лялька

yartsana

грати

yi wasa

пісочниця

akwatin yashi

гойдалка

lilo

іграшка

kayan wasan yara

гральна консоль

allon wasannin bidiyo

триколісний велосипед

babur mai taya uku

плюшевий мішка

yartsanar tsumma

шафа

wadirob

одяг

tufafi

шкарпетки

safa

панчохи

sitokins

колготки

matse-jiki

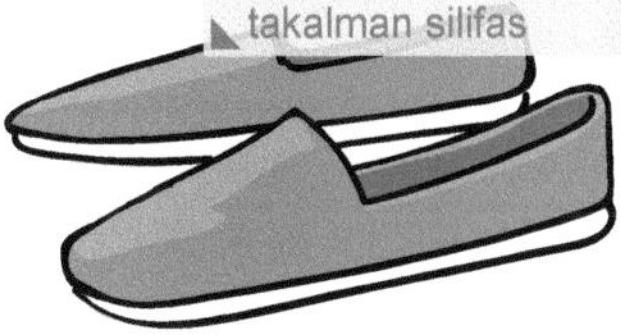

шарф
adiko

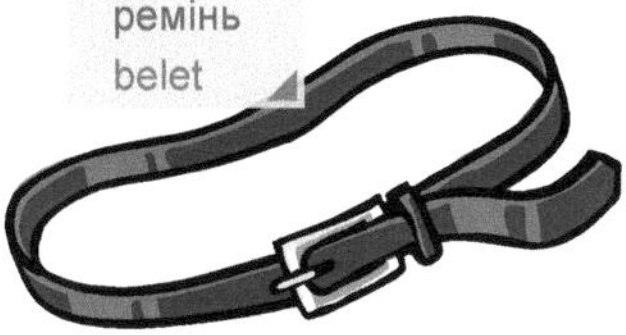

ремінь
belet

парасоля
lema

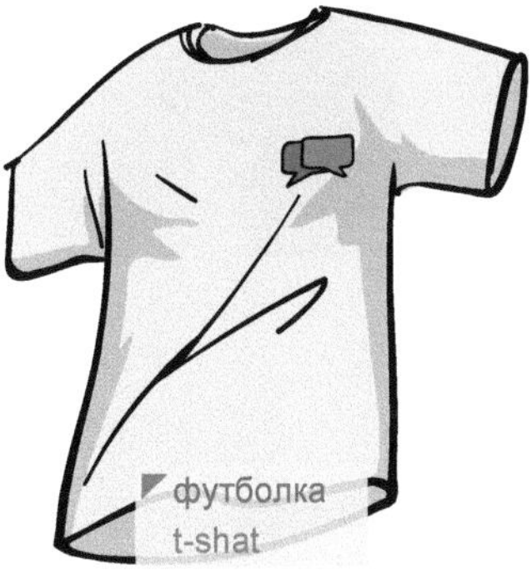

футболка
t-shat

чоботи
takalman aiki

домашнє взуття
takalman silifas

кросівки
takalman wasa

сандалі
....
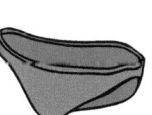
takalman sandal

взуття
....

takalma

гумові чоботи
....

takalman roba

труси
....
kamfai

бюстгальтер
....
rigar nono

нижня сорочка
....
falmaran

боді

jiki

штани

wando

джинси

jeans

спідниця

dantofi

блузка

rigar mata

сорочка

karamar riga

пуловер

riga mai hula

светр

hular riga

піджак

bileza

куртка

jaket

пальто

kwat

дощовик

rigar ruwa

костюм

kayan yayi

сукня

kayan sawa

весільна сукня

rigar aure

костюм

kwat da wando

нічна сорочка

rigar dare

піжама

kayan barci

сарі

sari

головна хустка

dankwali

чалма

rawani

бурка

hijabi

кафтан

kaftani

абая

abaya

купальник

rigar iyo

плавки

wandon wasa

шорти

gajeran wando

тренувальний костюм

kayan wasanni

фартух

kyallen aiki

рукавички

safar hannu

гудзик

maballi

окуляри

tabarau

браслет

awarwaro

ланцюг

tsakiya

кільце

zobe

сережка

dan kunne

шапка

hula

плічка

maratayin kwat

капелюх

malafa

краватка

lakataya

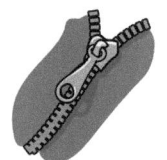

застібка-блискавка

zi

шолом

hular kwano

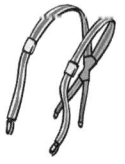

підтяжки

masu daidaita hakori

шкільна форма

kayan makaranta

уніформа

yunifom

нагрудник

kyallen cin abincin jariri

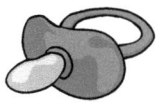

соска

mutum-mutumi

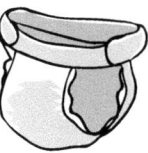

підгузок

kunzugu

сервер
saba

шаф для документів
kabed din fayiloli

принтер
na'urar dab'i

монітор
fuskar kwamfuta

папір
takarda

миша
mouse

письмовий стіл
babban teburi

папка
makunshi

синтезатор
allon madannai

стілець
kujera

кошик для паперу
kwandon shara

комп'ютер
kwamfuta

кавовий кухоль

tambulan kofi

калькулятор

kwakuleta

інтернет

intanet

ноутбук

laptop

лист

wasika

повідомлення

sako

мобільний телефон

tafi-da-gidanka

мережа

sadarwa

копіювальний пристрій

na'urar hoton takarda

програмне забезпечення

kwakwalwar kwamfuta

телефон

tarho

розетка

jona soket

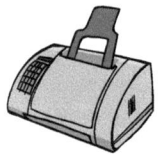

факс

na'urar faks

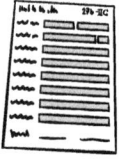

бланк

fom

документ

daftari

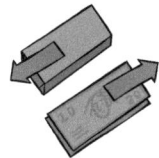

купувати

sayi

платити

biya

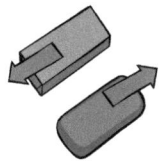

торгувати

yi ciniki

гроші

kudi

 **USD**

долар

dala

 **EUR**

євро

euro

JPY

ієна

yen

RUB

рубль

robul

CHF

франк

franc na Swiss

CNY

юанів женьміньбі

renminbi yuan

INR

рупія

rupee

банкомат

injin bada kudi

обмінний пункт

gidan canjin kudi

золото

zinare

срібло

azurfa

нафта

mai

енергія

makamashi

ціна

farashi

контракт

matuntuba

податок

haraji

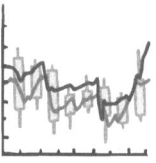

акція

kaya

працювати

yi aiki

працівник

ma'aikaci

роботодавець

mai daukar ma'aikata

фабрика

masana'anta

магазин

kanti

професії

sana'o'i

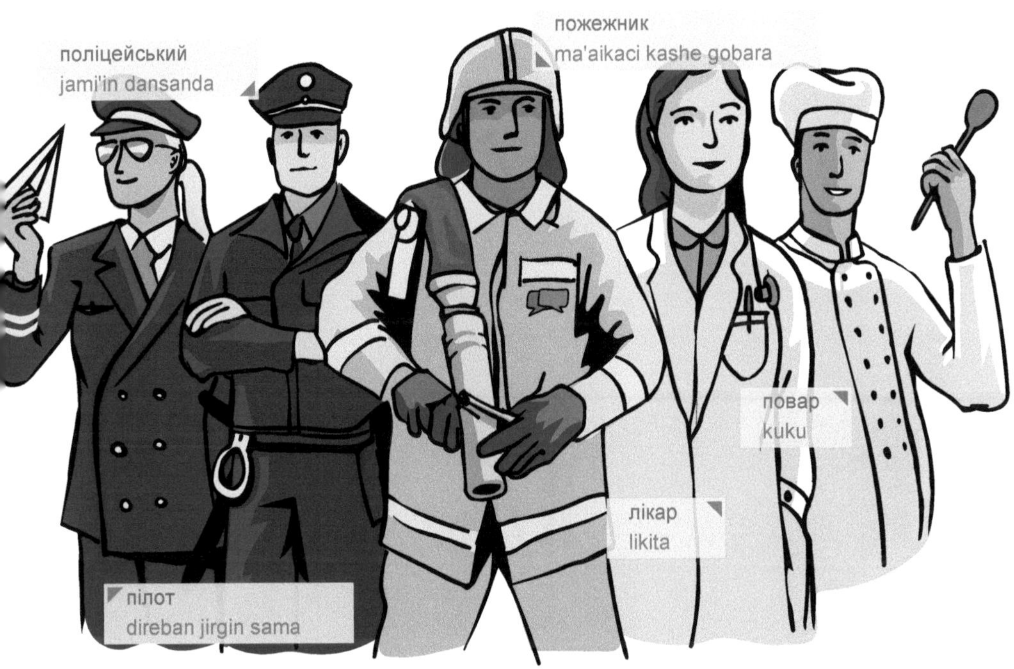

поліцейський
jami'in dansanda
пожежник
ma'aikaci kashe gobara
повар
kuku
лікар
likita
пілот
direban jirgin sama

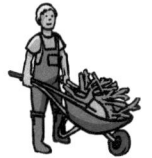

садівник

mai aikin lambu

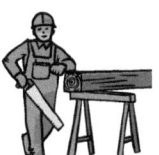

столяр

kafinta

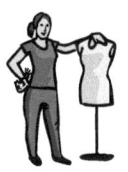

швачка

mace mai dinki

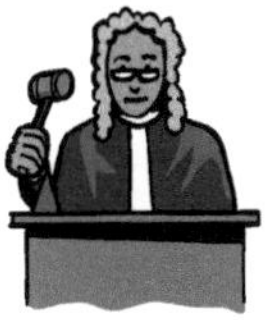

суддя

alkali

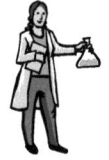

хімік

mai hada magunguna

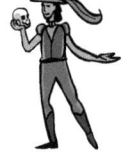

актор

jarumi

водій автобуса

direban bas

таксист

direban tasi

рибалка

masunci

прибиральниця

mace mai shara

покрівельник

mai aikin rufi

офіціант

sabis

мисливець

mafarauci

художник

mai fenti

пекар

mai yin burodi

електрик

mai gyaran lantarki

будівельник

magini

інженер

injiniya

забійник

mahauci

бляхар

mai gyaran famfo

листоноша

mai raba wasiku

солдат

soja

архітектор

mai zayyanar gidaje

касир

mai biyan kudi

флорист

mai sayar da furanni

перукар

mai gyaran gashi

кондуктор

mai kida

механік

bakanike

капітан

kyaftin

дантист

likitan hakori

вчений

masanin kimiyya

рабин

limamin yahudu

імам

liman

монах

mai ibadar kirista

пастор

malamin addini

інструменти
kayan aiki

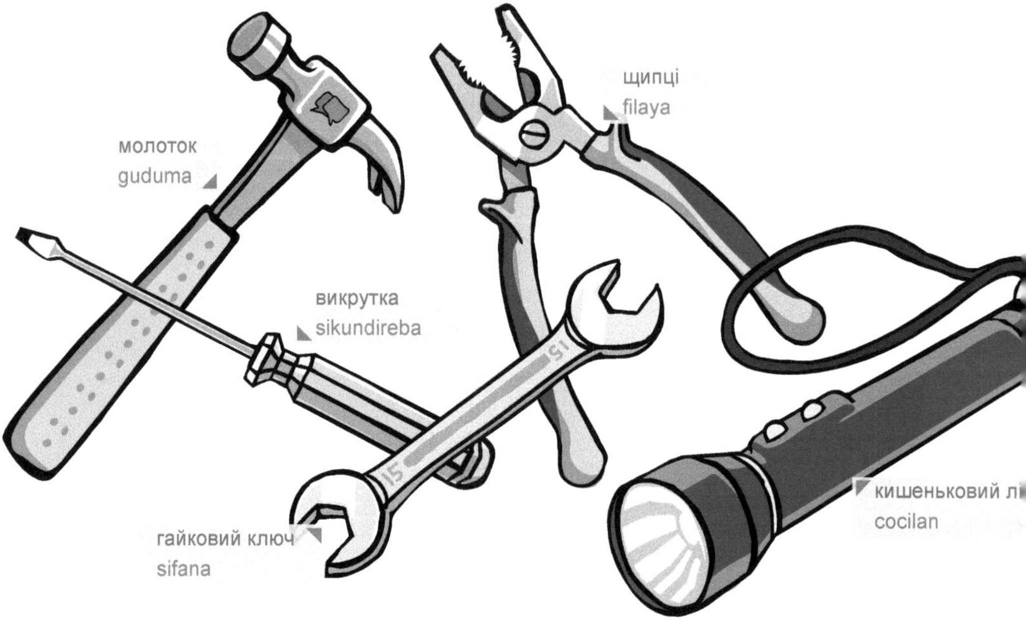
щипці
filaya
молоток
guduma
викрутка
sikundireba
кишеньковий лі
cocilan
гайковий ключ
sifana

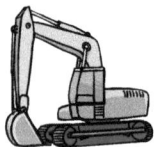

екскаватор

diga

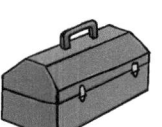

ящик для інструментів

akwatin kayan aiki

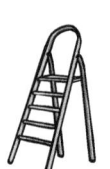

драбина

tsani

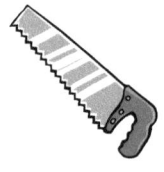

пилка

zarto

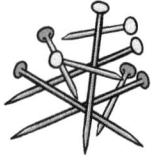

цвяхи

kusoshi

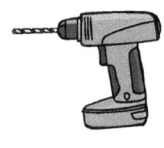

свердло

abin hudawa

ремонтувати

gyara

лопата

chebur

лайно!

Tafdi!

совок

makwashin shara

відро з фарбою

tukunyar fenti

гвинти

kusoshi masu barima

музичні інструменти
kayan kida

ударна установка
tarkacen ganga

динамік
lasifika

контрабас
rubin sauti

труба
begila

гітара
jita

фортепіано

fiyano

скрипка

goge

бас

karamin sauti

литаври

gangunan timpani

барабан

ganguna

клавіатура

masarrafin fiyano

саксофон

saxophone

флейта

sarewa

мікрофон

makirfo

зоопарк

gidan namun daji

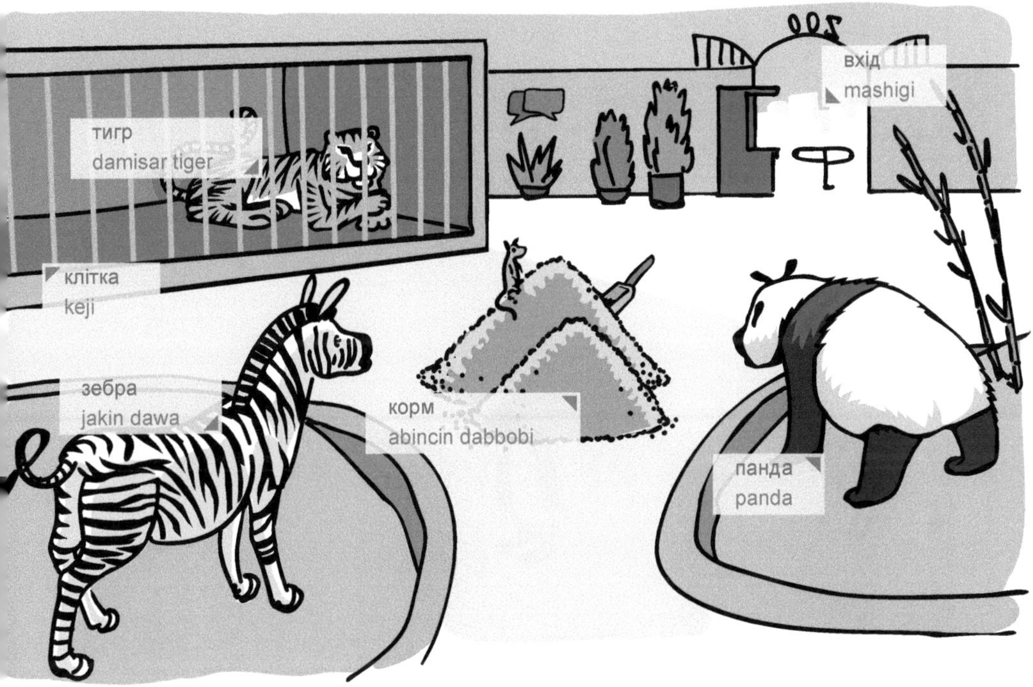

тигр
damisar tiger
клітка
keji
зебра
jakin dawa
корм
abincin dabbobi
вхід
mashigi
панда
panda

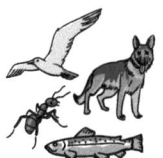

тварини

dabbobi

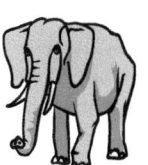

слон

giwa

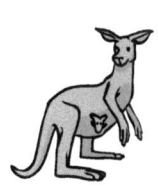

кенгуру

babba-da-jaka

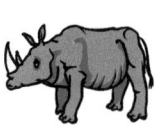

носоріг

karkanda

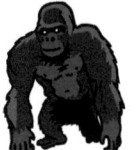

горила

goggon biri

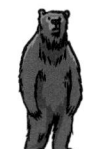

ведмідь

dabbar bear

верблюд

rakumi

страус

jimina

лев

zaki

мавпа

biri

фламінго

dinya

папуга

aku

білий ведмідь

bear ta yankin kankara

пінгвін

penguin

акула

kifin shark

павич

dawisu

змія

maciji

крокодил

kada

працівник зоопарку

mai tsaro zu

тюлень

seal

ягуар

damisar jaguar

поні

dukushi

леопард

damisar leopard

гіпопотам

mugun dawa

жираф

rakumin dawa

орел

mikiya

кабан

aladen daji

риба

kifi

черепаха

kunkuru

морж

walrus

лисиця

dila

газель

barewa

американський футбол
kwallon kafar Amurka

їзда на велосипеді
tseren keke

теніс
wasan tennis

баскетбол
kwallon kwando

плавання
ninkaya

бокс
dambe

хокей
kwallon gora na cikin ka

футбол

kwallon kafa

бадмінтон

badiminton

легка атлетика

wasannin motsa jiki

гандбол

kwallon hannu

лижні перегони

wasan kan kankara

поло

kwallon dawaki

стрибати
yi tsalle

обіймати
rungumi

сміятися
yi dariya

йти
yi tattaki

співати
rera waka

мріяти
mafarki

молитися
yi addu'a

цілувати
sumbaci

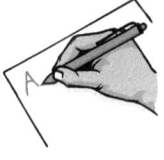

писати

rubuta

малювати

zana

показувати

nuna

тиснути

tura

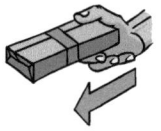

давати

bayar

брати

dauki

мати

sami

робити

yi

бути

kasance

стояти

tsaya

бігати

gudu

тягнути

jawo

кидати

jefa

падати

faduwa

лежати

yi karya

очікувати

jira

носити

dauki

сидіти

zauna

одягати

sanya tufafi

спати

yi barci

просипатися

farka

дивитися

kalli

плакати

kuka

гладити

bugi

розчісувати

taje

розмовляти

yi magana

розуміти

fahimci

питати

tambayi

слухати

saurari

пити

sha

їсти

ci

прибирати

tattare

любити

yi soyayya

варити

dafa

їхати

yi tuki

літати

tashi

дії - harkoki

йти під вітрилом

tafi a kwalekwale

рахувати

kwakuleta

читати

karanta

вчитися

koyi

працювати

yi aiki

одружуватися

yi aure

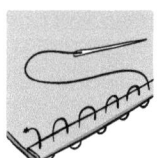

шити

dinka

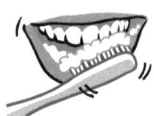

чистити зуби

goge hakora

убивати

kashe

курити

busa taba

посилати

aika

сім'я
iyali

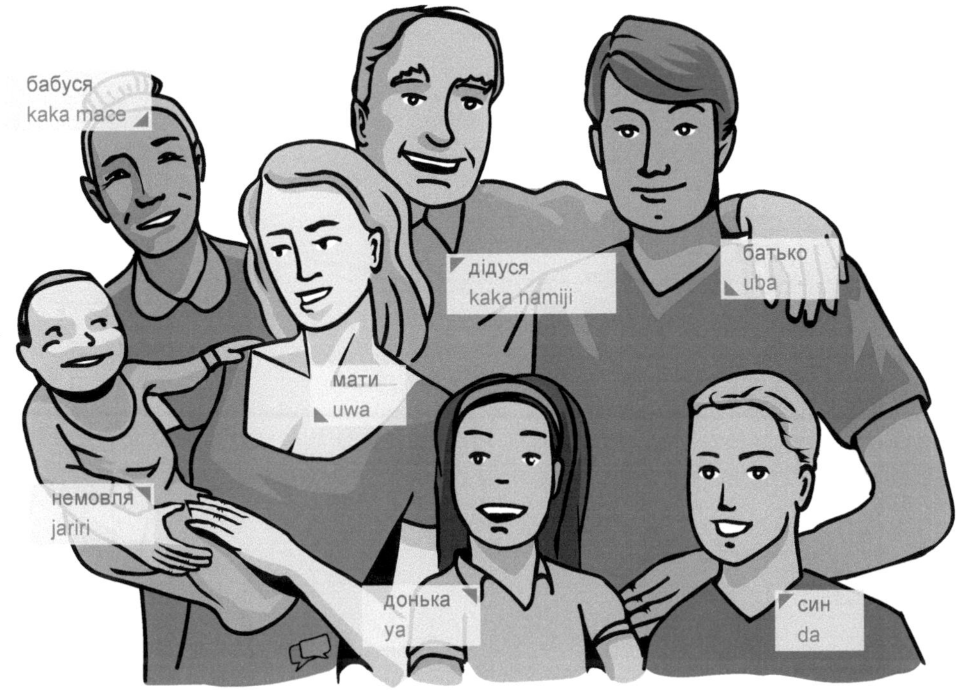
бабуся
kaka mace
дідуся
kaka namiji
батько
uba
мати
uwa
немовля
jariri
донька
ya
син
da

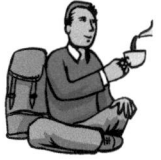

гість
bako

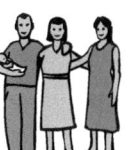

тітка
gwaggo

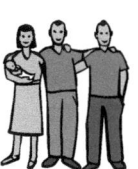

дядько
kawu

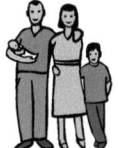

брат
dan'uwa

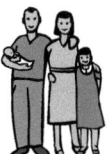

сестра
yar'uwa

тіло

jiki

чоло
goshi
око
ido
плече
kafada
палець
yatsa
обличчя
fuska
підборіддя
ha'ba
кисть
hannu
ноги
kafa
груди
nono
рука
damtse

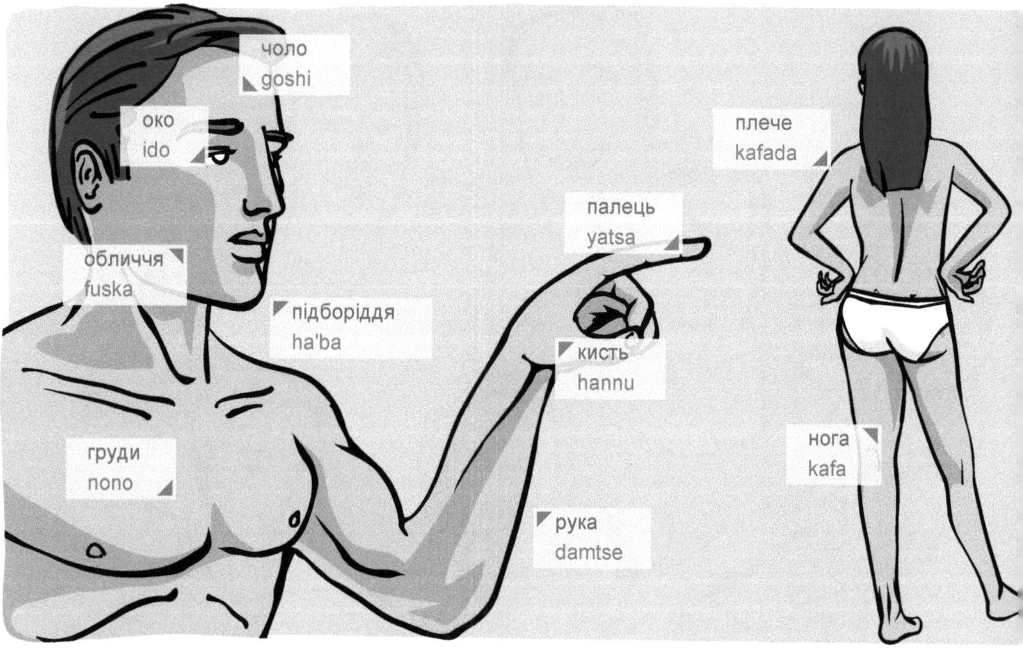

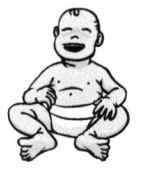

немовля

jariri

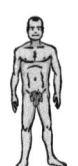

чоловік

mutum

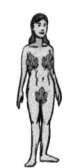

жінка

mace

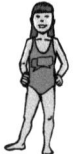

дівчина

yarinya

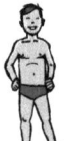

хлопчик

yaro

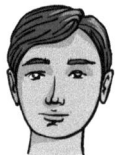

голова

kai

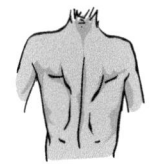

спина

baya

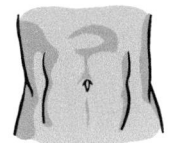

живіт

tulun ciki

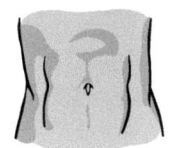

пуп

maballin ciki

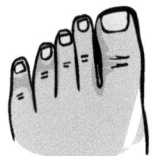

палець ноги

yatsan kafa

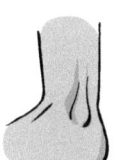

п'ята

dudduge

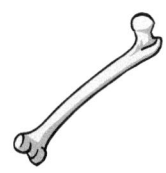

кістка

kashi

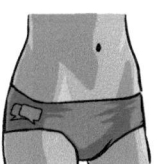

стегно

kugu

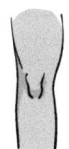

коліно

guiwa

лікоть

guiwar hannu

ніс

hanci

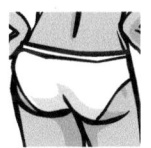

сідниці

kasa

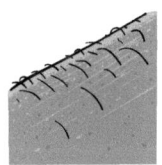

шкіра

fata

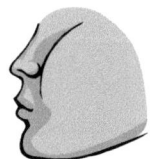

щока

kumatu

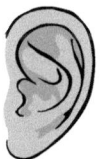

вухо

kunne

губа

lebe

тіло - jiki

рот

wata

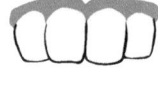

зуб

hakori

язик

harshe

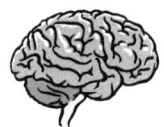

мозок

kwakwalwa

серце

zuciya

м'яз

kwanji

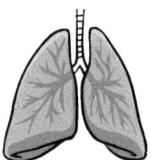

легені

huhu

печінка

hanta

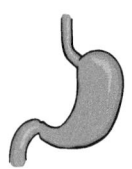

шлунок

ciki

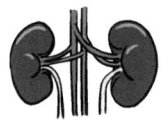

нирки

koda

статевий акт

jima'i

презерватив

kwaroron roba

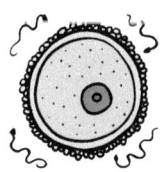

яйцеклітина

kwan mahaifa

сперма

maniyyi

вагітність

juna-biyu

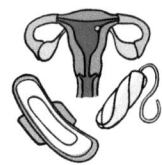

менструація

haila

вагіна

farji

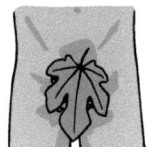

пеніс

zakari

брова

gira

волосся

gashi

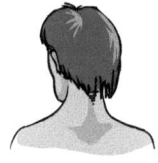

шия

wuya

лікарня
asibiti

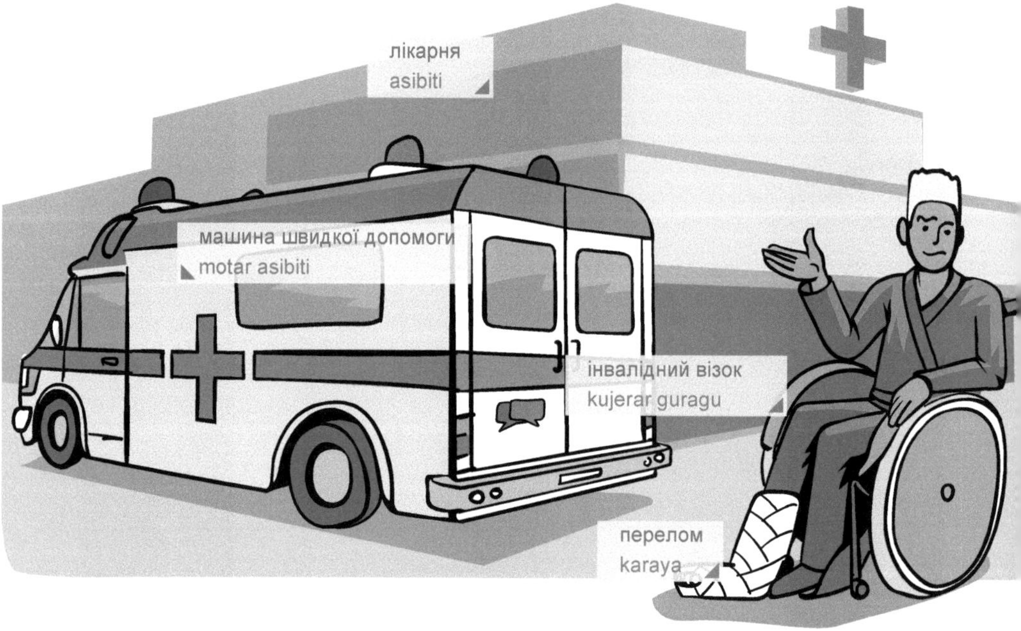

лікарня
asibiti
машина швидкої допомоги
motar asibiti
інвалідний візок
kujerar guragu
перелом
karaya

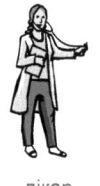

лікар
likita

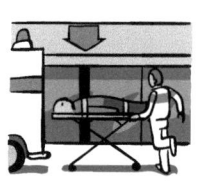

відділення швидкої медичної допомоги
dakin kulawar gaggawa

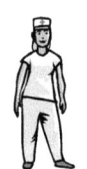

медсестра
ma'aikaciyar jinya

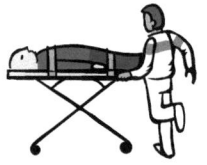

аварійний випадок
na gaggawa

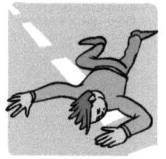

непритомний
magashiyyan

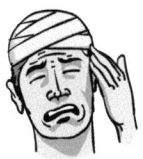

біль
radadi

травма

rauni

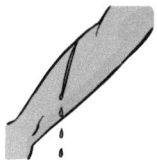

кровотеча

zubar jini

інфаркт

bugun zuciya

інсульт

bugun jini

алергія

kyan-jiki

кашель

tari

лихоманка

zazzabi

грип

mura

пронос

gudawa

головна біль

ciwon kai

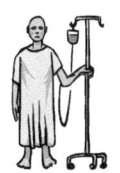

рак

cutar sankara

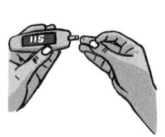

діабет

ciwon suga

хірург

likitan tiyata

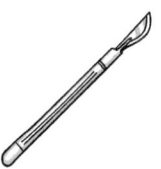

скальпель

wukar likita

операція

tiyata

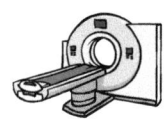

КТ
CT

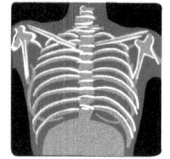

рентген
hoton kirji

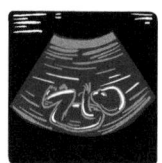

ультразвук
hoton ciki

маска
marufin fuska

хвороба
cuta

зал очікування
dakin jira

милиця
madogari

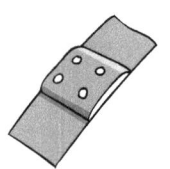

пластир
filasta

пов'язка
bandeji

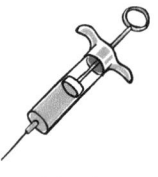

ін'єкція
allura

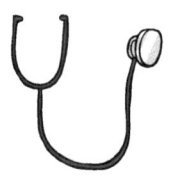

стетоскоп
na'urar awon zuciya

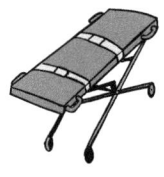

ноші
gadon daukar marar lafiya

термометр
na'urar auna zafin jiki

народження
haihuwa

надмірна вага
yawan nauyi

слуховий апарат

abin kara ji

дезінфікуючий засіб

sinadarin kashe kwayoyin cuta

інфекція

kamuwar cuta

вірус

kwayar cuta

ВІЛ / СНІД

Cutar Kanjamau

медицина

magani

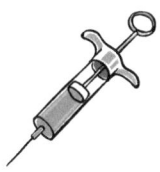

вакцинація

riga-kafi

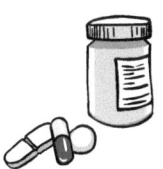

таблетки

kwayoyin magani

протизаплідна пігулка

magani

екстрений виклик

kiran gaggawa

тонометр

ma'aunin hawan jini

хворий / здоровий

cuta / lafiya

сигнал тривоги

kararrawa

напад

farmaki

Допоможіть!

Taimako!

атака

hari

небезпека

hatsari

аварійний вихід

kofar ko-takwana

Вогонь!

Wuta!

вогнегасник

abin kashe wuta

аварія

hadari

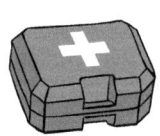

аптечка

kayan taimakon gaggawa

СОС

Neman taimako

поліція

dansanda

Земля
Kasa

Європа

Turai

Північна Америка

Amurka ta Arewa

Південна Америка

Amurka ta Kudu

Африка

Afirka

Азія

Asiya

Австралія

Australia

Атлантика

Atlantika

Тихий океан

Pacific

Індійський океан

Tekun Indiya

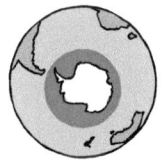

Антарктичний океан

Tekun Antatika

Північний Льодовитий океан

Tekun Arctic

Північний полюс

Barin duniya na Arewa

Південний полюс

Barin duniya na Kudu

Антарктика

Antatika

Земля

Kasa

суша

tsandauri

море

kogi

острів

tsibiri

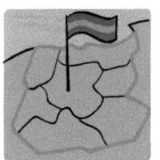

нація

kasa

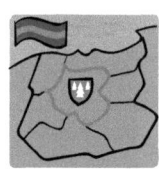

держава

jiha

циферблат

fuskar agogo

годинникова стрілка

hannun awa

хвилинна стрілка

hannun mintuna

секундна стрілка

hannun dakika

Котра година?

Karfe nawa yanzu?

день

rana

час

lokaci

зараз

yanzu

цифровий годинник

agogon dijita

хвилина

minti

година

awa

Понеділок
Litinin

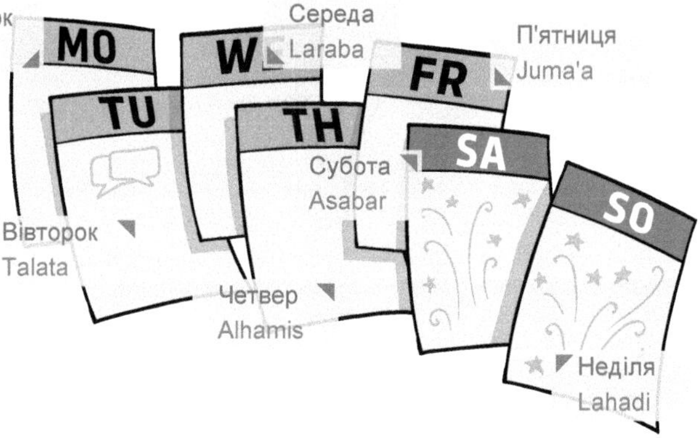

MO

Середа
Laraba

W

П'ятниця
Juma'a

FR

TU

TH

Субота
Asabar

SA

Вівторок
Talata

Четвер
Alhamis

SO

Неділя
Lahadi

вчора

jiya

сьогодні

yau

завтра

gobe

ранок

safiya

опівдні

tsakar rana

вечір

yamma

робочі дні

ranakun kasuwanci

кінець робочого тижня

karshen mako

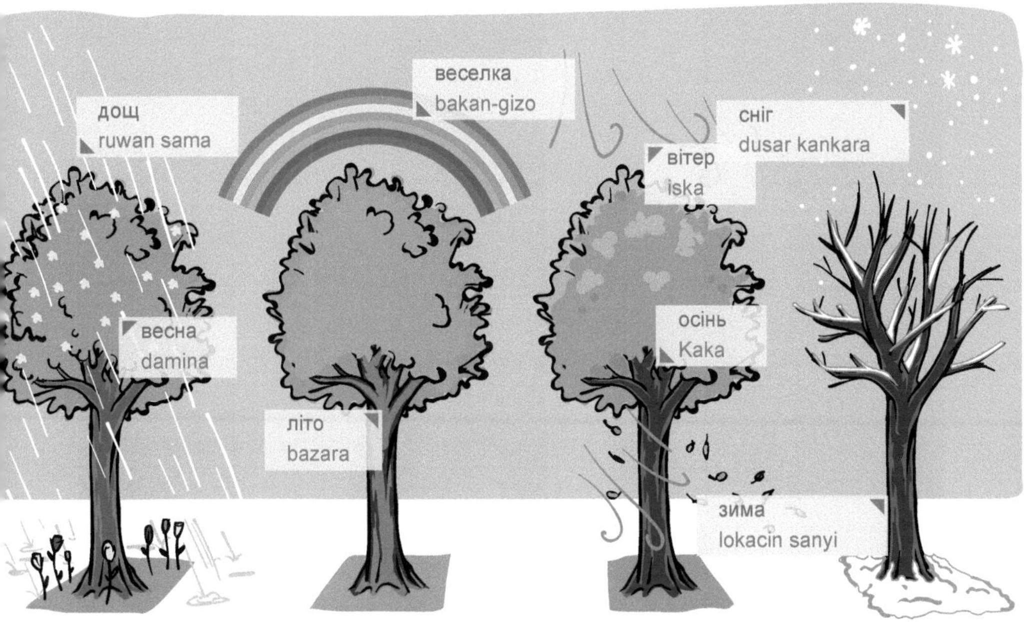

дощ
ruwan sama
веселка
bakan-gizo
вітер
iska
сніг
dusar kankara
весна
damina
осінь
Kaka
літо
bazara
зима
lokacin sanyi

4.APRIL 11°
5.APRIL 4°
6.APRIL 13°
7.APRIL 8°
8.APRIL 10°

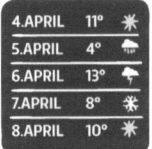

прогноз погоди

hasashen yanayi

F
C

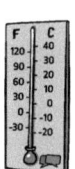

термометр

na'urar gwajin zafi da sanyi

сонячне світло

hasken rana

хмара

gajimare

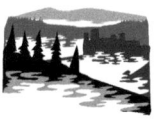

туман

hazo

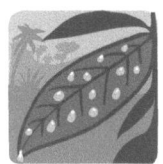

вологість повітря

dumi

блискавка

walkiya

грім

aradu

шторм

guguwa

град

kankarar ruwan sama

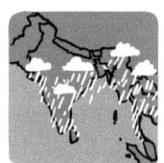

мусон

iskar bazara

повінь

ambaliyar ruwa

лід

kankara

Січень

Janairu

Лютий

Fabarairu

Березень

Maris

Квітень

Afirilu

Травень

Mayu

Червень

Yuni

Липень

Yuli

Серпень

Agusta

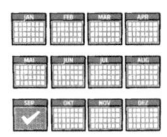

Вересень

Satumba

Жовтень

Oktoba

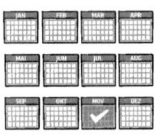

Листопад

Nuwamba

Грудень

Disamba

форми
siffofi

форми
siffofi

круг

da'ira

квадрат

murabba'i

прямокутник

kusurwa hudu

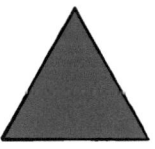

трикутник

kusurwa uku

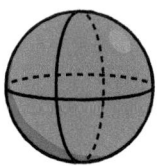

куля

mulmulalle

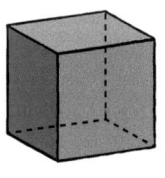

куб

dunkule

білий

fari

жовтий

rawaya

помаранчевий

ruwan lemo

рожевий

ruwan shanshanbali

червоний

ja

фіолетовий

garura

синій

shudi

зелений

kore

коричневий

ruwan kasa

сірий

ruwan toka

чорний

baki

багато / мало

da yawa / kadan

лютий / мирний

fushi / nutsuwa

гарний / бридкий

kyakkyawa / mummuna

початок / кінець

farko / karshe

великий / малий

babba / karami

світлий / темний

mai haske / mai duhu

брат / сестра

dan uwa / 'yar uwa

чистий / брудний

mai tsafta / kazami

завершений /
незавершений

cikakke / maras cika

день / ніч

rana / dare

мертвий / живий

matacce / mai rai

широкий / вузький

mai fadi / matsattse

їстівний / неїстівний

na ci / ba na ci ba

злий / дружній

mugu / mai tausayi

збуджений / нудьгуючий

mai karsashi / gajiyayye

товстий / тонкий

kakkaura / siriri

спочатку / востаннє

na farko / na karshe

друг / ворог

aboki / makiyi

повний / порожній

cikakke / holoko

жорсткий / м'який

mai tauri / mai laushi

важкий / легкий

mai nauyi / marar nauyi

голод / спрага

yunwa / kishin ruwa

хворий / здоровий

cuta / lafiya

незаконний / законний

haramtacce / halastacce

розумний / дурний

mai basira / dakiki

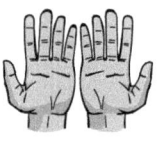

вліво / вправо

hagu / dama

поруч / далеко

kusa / nesa

новий / використаний

sabo / na-hannu

нічого / щось

ba komai / wani abu

старий / молодий

tsoho / yaro

вкл / викл

kunna / kashe

відкрито / закрито

a bude / a rufe

тихо / гучно

shiru / kara

багатий / бідний

mai arziki / talaka

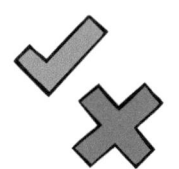

правильно / неправильно

daidai / bata

шорсткий / гладкий

mai kaushi / mai santsi

сумний / щасливий

bakin ciki / farin ciki

короткий / довгий

gajere / dogo

повільно / швидко

a sannu / da sauri

вологий / сухий

jikakke / busasshe

гарячий / холодний

dumi / sanyi

війна / мир

yaki / zaman lafiya

0

нуль

sifili

1

один

daya

2

два

biyu

3

три

uku

4

чотири

hudu

5

п'ять

biyar

6

шість

shida

7

сім

bakwai

8

вісім

takwas

9

дев'ять

tara

10

десять

goma

11

одинадцять

goma sha daya

12

дванадцять

goma sha biyu

13

тринадцять

goma sha uku

14

чотирнадцять

goma sha hudu

15

п'ятнадцять

goma sha biyar

16

шістнадцять

goma sha shida

17

сімнадцять

goma sha bakwai

18

вісімнадцять

goma sha takwas

19

дев'ятнадцять

goma sha tara

20

двадцять

ashirin

100

сто

dari

1.000

тисяча

dubu

1.000.000

мільйон

miliyan

англійська

Turanci

американська англійська

Turancin Amurka

китайська
високочиновницька

Mandarin na China

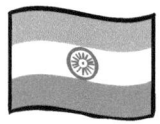

хінді

Hindi

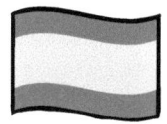

іспанська

Sifaniyanci

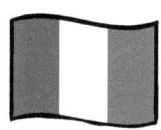

французька

Faransanci

арабська

Larabci

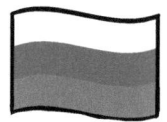

російська

Yaren Rasha

португальська

Yaren Portugal

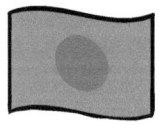

бенгальська

Bengali

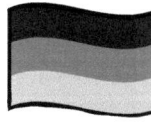

німецька

Yaren Jamus

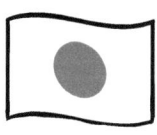

японська

Yaren Japan

я

ni

ти

kai

він / вона / воно

shi / ita / ita

ми

mu

ви

ku

вони

su

хто?

wa?

що?

me?

як?

ya ya?

де?

a ina?

коли?

yaushe?

ім'я

suna

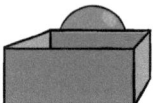

ззаду

a baya

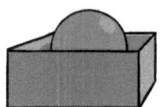

в

a ciki

перед

a gaban

над

saman

на

akai

під

karkashi

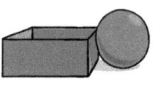

біля

a gefe

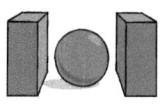

між

a tsakani

місце

wuri